CES YEUX QUI TE REGARDENT,
ET LA NUIT, ET LE JOUR...

La collection *l'Aube poche essai*
est dirigée par Jean Viard

Série *Voix libres*

Déjà parus :

Albert Jacquard, *Être humain ?*, 2005
Pierre Rabhi, *La Part du colibri*, 2006
Gilles Clément, *Toujours la vie invente*, 2007
Collectif d'auteurs animé par Malika Mokeddem et Marie-Louise Gourdon, *Est-ce ainsi que les femmes vivent ?*, 2008
Guy Bedos, Albert Jacquard, *La rue éclabousse*, 2009

www.aube.lu

ISBN 978-2-8159-0188-8

Festival du livre
de Mouans-Sartoux

Ces yeux qui te regardent, et la nuit, et le jour…

Trois regards sur la violence envers les femmes

Françoise Héritier
Nadia Kaci
Marie-Louise Gourdon

éditions de l'aube

Le Festival du livre de Mouans-Sartoux vous offre cet opuscule grâce à un quadruple partenariat :

– le conseil régional Provence-Alpes-Côte d'Azur qui soutient notre manifestation depuis la première heure et participe financièrement à cette opération pour que cet ouvrage de réflexion soit distribué gratuitement dans les lycées et les bibliothèques de la Région ;

– les éditions de l'Aube qui éditent ce livre à prix coûtant ;

– le magazine *Télérama* qui l'offre à ses lecteurs ;

– et Françoise Héritier et Nadia Kaci qui nous offrent le droit de l'éditer au profit de l'association Réseau Wassila.

Merci à tous.

23e Festival du livre de Mouans-Sartoux

1, 2, 3 octobre 2010

Avant-propos

États d'urgences

« Nous sommes une espèce parmi des millions d'autres ; l'espèce qui a développé le cerveau le plus riche en neurones. Depuis un siècle, nous éliminons mille fois plus d'espèces qu'avant l'époque industrielle. Cette extinction massive, l'humanité en est la cause. Elle pourrait en être la victime. »

Hubert Reeves.

L'humanité victime d'elle-même? C'est un appel urgent à la raison. Les signaux d'alerte se multiplient. À moins d'être sourds ou complètement inconscients, allons-nous continuer à foncer dans le mur à grande vitesse ?

Ce n'est pas seulement la planète qui nous inquiète, mais aussi et surtout l'atteinte aux libertés, les injustices envers les femmes, la faim, l'eau, les réfugiés climatiques, les droits humains bafoués partout dans le monde…

Nous convions au Festival du livre de Mouans-Sartoux celles et ceux qui résistent à la pensée unique, aux idées reçues, au creusement des inégalités, à la puissance de la consommation…, et qui portent sans doute les prémisses du monde à venir. Le Festival du livre est engagé dans la société contemporaine, explorant tous ses aspects et croisant les voix et les regards pour essayer de comprendre et de trouver des solutions. Le thème de cette année est états d'urgences.

Nous ne manquons pas de matière, hélas!

La violence envers les femmes sera l'un des thèmes majeurs de cette édition, avec notamment Sabatina James, Pakistanaise en exil, Fatiha et Rahmouna, deux femmes victimes du lynchage dans Hassi Messaoud, présentées par Nadia Kaci, et de très nombreuses autres, comme Dyariatou, Chahrazad. Une exposition, Blessures de femmes, *réalisée par la photographe Catherine Cabrol, conduit à une réflexion sur l'origine de cette violence intolérable.*

La progression à visage découvert de tous les extrémismes, les crises, les résistances, l'école malmenée, les nouveaux précaires, l'urgence écologique sont au programme également.

Des tables rondes plancheront sur les crises de l'économie et sur les solutions alternatives prenant en compte les préoccupations écologistes sur le thème de la révolution écologique de l'économie.

Parmi nos trois cents invité-e-s, Martin Hirsch, Nadia Kaci, Pascal Bruckner, Catherine Pancol, Florence Aubenas, Susan George, Coline Serreau, Bernard Maris, Bernard Werber, Benoîte Groult, Guillaume

Musso, Patrick Pelloux, Maïssa Bey, Bernardo Carvalho, Maryline Desbiolles, Guy Bedos, Christophe Alévêque, Hanan El-Cheikh, Alain Touraine, Mathias Enard, Antoine Volodine, Jean-François Narbonne, Pierre Joxe, Jean-François Kahn, Grazia Verazani, Jérôme Ferrari, Jean-Noël Jeanneney, Giancarlo di Cataldo, Laurent Mucchielli, Franck Pavloff, Florence Noiville, Serge Moati, Jean Lebrun... Les idées d'avenir sont, là aussi, portées par des voix innovantes et humanistes.

Le Festival du livre et de l'écriture cinématographique est un bouillon de culture foisonnant de rencontres et d'échanges. Il accueille un public très nombreux – plus de 50 000 personnes – venu de tout le sud-est de la France, à la recherche de rencontres inédites et enrichissantes. Pendant trois jours, nous accueillons des débats, des entretiens, des projections de films, des lectures, un concert littéraire, suivis par des milliers de participants.

Notre équipe de 250 bénévoles et toute la ville vous attendent pour partager avec vous ces rencontres précieuses !

Marie-Louise Gourdon,
commissaire du Festival du livre,
maire adjointe à la Culture de Mouans-Sartoux,
conseillère générale des Alpes-Maritimes.

Le programme sur www.lefestivaldulivre.fr

Parce qu'elles sont nées femmes

Marie-Louise Gourdon

Cinq femmes enterrées vivantes par leur propre famille à coups de tractopelle au Pakistan : elles avaient rejeté l'époux qui leur était imposé. Une jeune fille turque de seize ans enterrée vivante par son frère et son père, les mains liées derrière le dos : elle avait des mots doux d'un garçon dans sa poche.

Combien de femmes enterrées vivantes comme celles-ci, ou vitriolées, ou mutilées sauvagement – nez, oreilles, doigts coupés – ou battues à mort par leur mari, aujourd'hui dans le monde ? Dans l'indifférence quasi générale. Parce que c'est comme ça. Parce qu'elles sont nées femmes.

Pour quelles raisons ? Honneur masculin, religion, culture traditionnelle, respect « d'une » morale ? Aucune raison ne vaut pour justifier de pareils crimes. Naître femme serait donc un délit mondial ?

> « Sabita a jeté sa fille qui vient de naître du septième étage. / Quelle honte ! / … / Si sa fille avait vécu, vécu cinquante ans, / cinquante ans durant, elle aurait souffert / comme elle-même a souffert / pour la seule raison qu'elle est née femme. »

J'ai choisi la voix de Taslima Nasreen, militante des droits des femmes et de leur dignité, femme hors du commun par son courage face aux menaces de mort constantes des extrémistes religieux qui ne peuvent tolérer son engagement pour la laïcité contre l'intolérance. Taslima a été présidente par deux fois du Festival du livre de Mouans-Sartoux, non seulement parce qu'elle avait besoin de soutien, mais pour son talent d'écrivaine, pour la force de son combat. Parce qu'elle est une femme debout. Dans son recueil de poèmes,

Femmes, elle évoque la plupart des violences faites aux femmes dans le monde. Et les prétextes qui les justifient.

> Oh, petite fille, reste tranquille / n'oublie pas que tu es une fille bientôt tu seras une femme. / Bientôt tu seras une épouse, / bientôt tu seras une mère. / … / Tes ailes sont coupées, tes jambes attachées / ta cervelle évidée… / Tu es une fille, / parler, ce n'est pas bon pour toi, / tes lèvres sont cousues, / ne parle pas, n'y songe même pas. »

En Chine et en Inde, les filles sont régulièrement éliminées par avortement ou à la naissance par respect de la tradition qui préfère les fils.

> « D'instinct, aucune créature de la nature ne considère la naissance d'une femelle non souhaitable. Seuls les humains voient là une chose étrange. »

Il manque cent millions de femmes sur la planète, ce qui aggrave encore la situation ; il existe maintenant un « marché des femmes » dans les secteurs les plus touchés par leur disparition.

Religion et tradition se conjuguent. Le nombre d'hymenoplasties (réfection de l'hymen) augmente régulièrement dans les pays du Maghreb. Elles font perdurer, dans le mensonge, une coutume épouvantable, afin d'éviter des drames familiaux. La virginité reste une obsession.

> « Les hommes sont friands de vierges pures / qu'ils pourront malmener et déchirer à leur gré, / certains au nom de l'amour, / d'autres du mariage. »

Le corps est l'ennemi que l'on voile.

> « Shulekha cache son corps, / cache toutes les parties indignes de son corps. / Il émane d'elle une odeur de sang impur. / Honte, honte à toi, ne sors pas, Shulekha, / ne sors pas dans la rue ! / Tes seins pointent telles des tours, en te voyant, / Toi, ange du paradis venu sur cette terre, / ils éprouvent de la haine et de la peur, / ils sentent leurs organes s'exciter. / Honte, honte à toi ! / Tu t'égares, / du calme, entre dans les ténèbres, / entre dans la cage verrouillée. Seule la cage peut sauver une femme. / Shulekha n'a aucun droit aux droits d'un être humain. »

Les mariages forcés, monnaie courante dans de nombreuses cultures, et les mariages précoces conduisent au viol des jeunes épousées parfois nubiles. Ces multiples formes de violence nous renvoient à l'obsession du contrôle social du corps et de la sexualité des femmes. Au Yémen, un quart des femmes sont mariées avant l'âge de quinze ans, ce qui maintient la pauvreté, l'analphabétisme et un taux de fécondité très élevé.

L'excision et les mutilations sexuelles constituent une torture et une violation fondamentale des droits humains – des droits des femmes – et peuvent provoquer des dommages irréversibles. Et même la mort. La loi française ne met même pas les petites filles à l'abri lors d'un séjour dans leur pays d'origine.

Les violences physiques les plus intolérables traduisent ce besoin de domination et le mépris masculin pour les femmes.

> « La fille s'approche, / le visage entièrement brulé, / son visage n'a plus rien d'un visage,

/ on dirait l'empreinte d'un monstre dans la boue, / son beau visage lui a été arraché. »

Le 13 juillet 2001, à Hassi Messaoud en Algérie, une horde de plusieurs centaines d'hommes en furie, répondant à l'appel de l'imam de la ville, ont procédé au lynchage des travailleuses « accusées d'être des fornicatrices ». Plusieurs quartiers de femmes sont saccagés, les hommes torturent, mutilent, éventrent, violent toutes les femmes. Le code algérien de la famille, qui traite les femmes comme des mineures, institue l'inégalité de fait. Cette misogynie institutionnelle nourrit la violence et l'intégrisme.

En France, en 2010, un jour sur trois, une femme meurt sous les coups de son mari. Plus de deux cent mille femmes subissent des violences quotidiennes de la part de leur conjoint. Moins de dix pour cent d'entre elles portent plainte. Honte, peur de l'entourage, dépendance affective, crainte « d'avouer » à la police... La femme est méprisée.

> « Regardez, voilà une pute / la pute est toujours une femme, jamais un homme. / Regardez, voilà une pute. / les hommes la montrent du doigt. Les hommes la regardent et la montrent du doigt. »

Selon l'Organisation des nations unies, cinq mille femmes sont assassinées chaque année dans le monde pour avoir offensé l'honneur des hommes. Dans certains pays, ce sont les jeunes filles qui lavent l'honneur bafoué des garçons en étant violées collectivement par les hommes du village. Puis sont rejetées comme femmes perdues...

> « Les femmes de mon pays flottent / comme des cadavres au fond des égouts. »

L'honneur est un alibi masculin qui atténue encore, symboliquement et juridiquement, la peine de prison des auteurs, comme la passion a permis de justifier le meurtre conjugal.

Comme le démontre Françoise Héritier, c'est la faculté de procréer qui a provoqué la soumission de la femme à l'homme. Grossesse-accouchement-élevage des enfants, associés à l'absence d'éducation cantonnant la femme dans l'univers domestique, ont construit un modèle d'infériorité universel qui domine nos sociétés. Toutes nos sociétés. Et les différentes « raisons » qui sont censées justifier cet état de soumission et la violence qu'elle engendre trop naturellement ne sont que des prétextes. Culture, religion, honneur, mariage ne sont que des apparences diverses du même fait unique : l'homme veut dominer la femme. Les femmes soumises se retrouvent à la fois victimes et actrices de cette situation qu'elles considèrent comme « naturelle ».

« Je suis acculée derrière ces barreaux, pleine de douleur et de mélancolie. / … / Je suis une femme afghane et je dois gémir », écrivait Nadia Anjuman, poète afghane, morte sous les coups de son mari, qui n'était pas un taliban mais un homme éduqué, professeur de son métier.

> « Toutes ces disparités apparaissent là sous nos yeux. / Mais personne parmi nous / ne dit le moindre mot. / Nos langues sont coupées, nos lèvres scellées, / Nos mains attachées,

nos pieds enchaînés. / Ne dirons-nous jamais un seul mot ? / ... / Quand je te regarde / ce n'est pas de la pitié que j'éprouve / mais une immense colère. Puisque tu as deux mains / pourquoi ne pas lui arracher le fouet / pour le faire passer de sa main dans la tienne ? / ... / Montre-lui que toi aussi tu peux tuer le diable. »

Cette révolte qu'appelle Taslima Nasreen de ses vœux, de son exil forcé, c'est la nôtre. Ne perdons jamais une occasion de nous mobiliser contre chacune de ces injustices, de ces violences. Lointaines ou si proches de nous. Pour une véritable évolution, trois conditions au moins sont nécessaires : l'évolution des lois, le développement de la laïcité, véritable rempart de la liberté des femmes, et l'éducation. L'éducation des garçons et des filles, partout dans le monde.

La seule espèce où les mâles tuent les femelles
Françoise Héritier
anthropologue

« Le soir du jour où j'ai été mariée, on m'a attachée. J'avais onze ans et j'étais remuante. Mon père m'a donnée à son ami. » La femme qui parle est une Marocaine qui approche les cinquante ans. Elle raconte sa vie succinctement et avec pudeur à une cliente des bains où elle travaille, avec qui elle se sent en confiance, une sociologue marocaine elle aussi, qui me l'a rapportée. Cette conversation a lieu il y a une douzaine d'années. Aux bains publics, elle récure, frotte, racle, masse, savonne et rince la peau de ses clients : c'est un travail harassant, dont le salaire lui permet tout juste de vivre dans une petite pièce en soignant son mari grabataire, envers lequel elle éprouve des sentiments mélangés de pitié, d'obligation et de répulsion.

« Quand le soir est venu, mes tantes m'ont emmenée dans la chambre, elles m'ont déshabillée et mise sur le lit. Puis elles m'ont attachée, en ouvrant bien les jambes et en liant ensemble chevilles et poignets du même côté. On ne peut plus fermer les jambes. Ensuite elles sont parties. Plus tard, il est venu. Quand il est reparti, satisfait, les femmes de la famille ont poussé les you-you car j'étais vierge et on a tiré des coups de fusil. » On peut espérer que quelqu'un a pensé à venir tout de suite lui rendre sa liberté de mouvements !

Cette histoire est datée et des faits de ce genre n'ont certainement plus cours au Maroc, surtout depuis le nouveau code de la famille ; mais elle est exemplaire de la toute première violence ordinaire que subissent encore les femmes dans, peut-être, la majeure partie du monde : elle sont naturellement expropriées de leur corps dont la propriété est entre les mains d'un homme, père et ensuite mari. Cet homme qui entre dans une chambre où l'attend une enfant effrayée, qui se présente à ses yeux comme un berceau accueillant, exerce son droit dévolu par le père et il ne s'interroge pas là-dessus. Pourquoi le ferait-il ? Il a seulement demandé à ce qu'elle soit attachée pour s'éviter une défense opiniâtre et des ruades, jeux qui ne sont plus de son âge et de sa dignité. Il la « possède », il « consomme » son mariage, elle est « dans sa main ». Les marques d'allégresse, lorsqu'il sort de la chambre, sont des louanges à sa virilité, car il n'a pas fait défaut, et à l'honneur paternel : rien n'a été ébréché au sein de la famille, le père a donné vierge un bien à celui qui a le droit de le déflorer. Les louanges ne sont pas adressées à la vertu de la fillette. C'est une histoire entre hommes, même si les femmes interviennent comme petites mains. Car la subtilité de la chose est là : les filles sont élevées dans la certitude que, de leur obéissance à la loi du père dépend l'honneur de la famille, que leur virginité est leur plus belle « parure », qu'il n'y a rien dont elles puissent être plus fières que de se garder « pures » pour leur mari et que leur gloire est dans la marque ostensible d'une virginité sacrifiée selon les formes. Menaces et sanctions sont si lourdes, et le message est tellement répété, que l'intériorisation de la norme est vite réalisée chez les enfants. Les tantes non plus ne se posent pas de question ! Le consentement des femmes sur ce point, qui fait d'elles, par métonymie, un objet, est indispensable à la reproduction du système idéologique tout entier.

Ce serait une erreur de croire que toutes les filles étaient attachées autrefois lors de leurs noces dans ce pays, comme ce serait une erreur de croire qu'il s'agit là de mœurs barbares et inexplicables auxquelles nos esprits occidentaux répugnent. Car les filles ont été données en mariage par leur père en Occident jusqu'à la fin du XIXe siècle, et une grande valeur était accordée à la virginité.

Le consentement au mariage était certes requis officiellement mais il était obligé et on ne demandait pas leur avis aux filles sur le conjoint qu'on leur destinait en fonction de stratégies économiques et sociales diverses. Quant au langage, il est en français toujours explicite sur le statut d'objet du sexe féminin : « posséder », « consommer », « avoir », ou encore « faire des enfants à un homme »... L'expropriation des femmes de leur corps n'est plus une *doxa*, mais il en reste encore bien des traces.

De cette première violence ordinaire, centrale, intériorisée par les deux sexes comme éminemment naturelle, d'autres découlent. Les filles sont des biens que le père possède et dont il dispose. Il s'ensuit que les filles n'ont pas le droit à la parole en ce qui concerne le choix de leur conjoint. On objectera que, dans toutes les sociétés où le choix du partenaire n'est pas dicté par le sentiment amoureux, les hommes sont, eux aussi, soumis à la loi du groupe. C'est le cas d'un grand nombre de sociétés contemporaines, et aussi du temps passé pour ce qui est des sociétés occidentales, où prédomine actuellement la liberté du choix individuel fondée sur l'attirance mutuelle. Mais on est là dans un domaine où la symétrie est loin d'être absolue. Un homme, dans ces sociétés, est élevé dans l'idée qu'il a besoin d'une épouse pour avoir une descendance, des gratifications sexuelles selon son désir, un soutien domestique total et une main-d'œuvre gratuite (et si possible dotée d'un bon caractère et d'un physique avenant). Si elle a les compétences requises, une épouse en vaut une autre, d'une certaine manière. Il lui est loisible d'en changer ou, à tout le moins, d'avoir recours à d'autres femmes pour certains services. Il en va tout autrement pour les femmes. Le contrat qui est passé entre hommes pour la possession et l'usage de toutes les possibilités qu'offre leur corps est exclusif: chasteté, continence, fidélité, obéissance en sont les conditions. Ce contrat vaut normalement pour leur vie entière, parfois même si elles se trouvent évincées du jeu, par veuvage précoce par exemple, comme c'est toujours le cas dans certains milieux hindous (pour ne pas parler des *sati* qui devaient suivre vivantes leur mari sur le bûcher funéraire).

Cette asymétrie du destin matrimonial des sexes est avalisée par les coutumes traditionnelles ou par la loi moderne, et cela de manière insidieuse, sans paraître clairement au jour. Ainsi, par exemple, la loi française établissant les droits au revenu de solidarité active (RSA) les reconnaît de fait pour le couple où le mari travaille à l'extérieur alors que la femme est au foyer, selon l'image traditionnelle du mari pourvoyeur, dont le travail et le salaire fondent le droit des membres de sa famille à des aides de l'État. Mais si la conjointe se retrouve seule, par divorce ou veuvage, et avec la même charge d'enfants, elle est contrainte *ipso facto* de trouver un emploi *.

Il est intéressant de voir comment, à l'heure actuelle, se mobilisent les

* Hélène Périvier, « La logique sexuée de la réciprocité dans l'assistance », *Revue de l'OFCE*, 114, 2010, p. 237-263.

traditionalismes pour lutter contre les choix individuels. Le choix du bon conjoint n'est pas une question qui se résout de façon aléatoire pour les pères. Les stratégies sociales et économiques à court terme sont évidentes mais elles ne sont pas les seules. Ainsi, pour m'en tenir à l'exemple de l'Inde, il n'est pas possible, sans tomber sous le coup de l'accusation d'inceste, de se marier dans la même *gotra*, cette immense *gens* porteuse du même nom qui peut compter plusieurs centaines de milliers d'individus, ou de se marier dans le même village, ou en dehors de la caste à laquelle on appartient de naissance et, comment ne pas le dire, en dehors de son appartenance religieuse. On voit progressivement changer le champ de la notion de crime d'honneur. Selon une étude du *Monde* fondée sur le travail de l'association Shakti Vahini, 72 % de ces crimes ont désormais pour cible des filles engagées dans des unions inter-castes ou inter-religieuses. La revendication des femmes éduquées à décider pour elles-mêmes est perçue par les tenants de l'ordre patriarcal comme « un défi qu'il faut étouffer dans l'œuf », un défi contre nature. Mais, désormais, les traditionalismes s'insurgent ouvertement. Ainsi, des assemblées de notables, qui jouent le rôle de conseils coutumiers locaux pour des castes d'agriculteurs, demandent-elles officiellement au gouvernement « d'amender le *Hindu Marriage Act* (1955) afin de rendre illégale toute union entre *gotra* ». Il ne s'agit rien moins que de rendre la loi moderne et démocratique tributaire de la coutume et de la religion, comme c'est le cas ailleurs avec la *charia* musulmane*. Les religions révélées, et aussi l'hindouisme, travaillant sur une pâte commune, ont, à divers moments de l'histoire de l'humanité, théorisé et aggravé, chacune à sa manière, l'asymétrie entre les sexes en faisant intervenir des notions morales et en établissant des barrières infranchissables en esprit entre des groupes humains.

La violence sexuelle, qui s'exerce très majoritairement des hommes sur les femmes,

* Frédéric Bobin, *Le Monde*, 3 août 2010.

dérive de cette violence initiale qui fait que le corps des femmes ne leur appartient pas en propre, et aussi du durcissement mental des barrières établies entre les « nôtres » et les « autres », dont le communautarisme est l'expression idéologique dominante. On a un peu fâcheusement tendance à ne voir que la violence domestique, privée. Certes, il est difficile d'admettre qu'une femme sur dix en France a connu des violences verbales, physiques ou psychologiques importantes ou répétées, qu'une femme y meurt tous les trois jours sous les coups de son conjoint. Jalousie, sadisme, volonté de dominer, plaisir d'humilier et de faire souffrir, négation de l'Autre, exutoire des humiliations subies, sentiment de toute-puisssance et d'impunité, tout a été dit et avancé comme explication avec la justification ultime de la mauvaiseté de la nature humaine. Ce n'est pas de nature humaine qu'il s'agit, mais de la possibilité fondamentale qui est laissée aux hommes de jouir du corps de la femme qui a été mise en leur pouvoir et dont certains estiment avoir le droit de le faire sans limites ni contrôle car les faits en cause relèveraient de la sphère de l'intime. Le simple fait que cette violence domestique soit si difficile à reconnaître dans une société démocratique démontre qu'il s'agit d'une question politique, d'un aveuglement idéologique pendant longtemps non remis en question. Pourquoi se préoccuper de questions de chambre à coucher, dont la solution relève des couples eux-mêmes ou de leur famille, tant qu'il n'y a pas outrage à l'ordre public ? Le regard a changé sur cette question depuis une ou deux décennies tout au plus, mais fondamentalement le rapport des sexes n'est toujours pas considéré, y compris sous cet angle, comme l'élément politique majeur qu'il est.

Au Pakistan, ce sont six femmes par jour qui sont tuées ou mutilées sans que les auteurs de ces agressions appelées « crimes d'honneur » soient réellement punis. Cela va du dépit d'un prétendant évincé par la famille d'une jeune fille qui rend son « bien » inconsommable par d'autres en le vitriolant (un peu comme asperger des fraises avec de l'eau de javel...) à celui d'une famille qui n'a pas perçu la totalité d'une dot et s'en venge en brûlant vive une bru dans un faux accident domestique. C'est aussi le meurtre de filles qui « déshonorent » leur famille en choisissant un partenaire en dehors de leur groupe ethnique ou de leur religion. Tout récemment, en Grande-Bretagne, une jeune actrice indienne, célèbre pour avoir joué dans *Harry Potter* (c'est dire à quel point le niveau d'insertion dans les schémas de réussite contemporaine compte peu en la matière!), a dû porter plainte contre son père et son frère pour voies de fait où elle aurait pu laisser la vie, parce qu'elle a choisi un partenaire en dehors de son groupe. Mentionner ces causes met en évidence le fait qu'il ne s'agit jamais d'une simple affaire privée qui mettrait en jeu des sentiments compliqués et où les deux partenaires seraient partie prenante, à égalité pourrait-on dire. Ce sont toujours des raisons idéologiques qui sont en cause.

La violence sexuelle est d'abord d'essence idéologique et politique. Qu'il y ait encore, d'après l'Unicef, cinq cent mille femmes qui meurent en couches par an, n'a apparemment rien à voir avec la violence sexuelle telle que nous l'entendons, mais c'est un choix entre des priorités. Imaginons ce qui se passerait si cinq cent mille hommes mouraient sur le stade dans la pratique d'un sport quelconque... L'avortement sélectif des filles en Chine, en Inde, en Corée, etc., est certes clandestin et il correspond clairement aux nécessités d'un système idéologique et économique qui rend enviable la naissance de fils et désastreuse celle de filles, mais qu'est-il fait pour endiguer cette surmortalité féminine, quelles mesures sont-elles prises (en dehors de la coercition) et quel en est le résultat, tant il est vrai que, sans assurance vieillesse, la naissance d'une fille est vue par tout un chacun dans ces pays comme une charge à fonds perdus ? L'exemple le plus parlant de la nature idéologique et politique de la violence sexuelle exercée par des hommes sur des femmes est celui des viols en temps de guerre suivis de grossesse forcée. En dehors du plaisir du soudard, les témoignages montrent qu'il s'agit toujours d'un projet concerté, avec ordres donnés et exécutés, où il s'agit moins de blesser des femmes que d'humilier leurs hommes, les hommes de leur camp, en portant atteinte à la femme qui est leur «bien» et en lui faisant porter, selon l'expression consacrée, des enfants «d'un autre sang que le leur».

L'affaire de Hassi Messaoud, dont il est question dans ce livre, est véritablement emblématique de tous les aspects abordés ici. L'inacceptable est que des femmes adultes soient autonomes, maîtresses d'elles-mêmes et chefs de famille. Peu importent les raisons pour lesquelles elles n'ont pas ou n'ont plus de mari: elles n'ont pas à être dans l'espace public. C'est un défi, on l'a dit plus haut, «contre nature» et contre la religion. C'est d'ailleurs un imam qui appelle à la répression de ce crime de femmes dévoyées. Elles ont un emploi, elles gagnent leur vie et celle de leurs enfants, ce qui est, en soi, anormal ; mais de plus, leurs employeurs sont des infidèles et elles travaillent à visage découvert, ce qui fait d'elles des prostituées. C'est ainsi, en tout cas, qu'elles ont été traitées dans la presse et même à l'hôpital. On sait quel calvaire elles ont vécu collectivement et aussi que justice ne leur a pas été rendue – et ne leur sera vraisemblablement jamais rendue. Car leur tout premier crime est d'être femmes sans homme et de revendiquer pour autant le droit à l'existence. Soulignons un autre point, qui est vraisemblablement le point de cristallisation des frustrations de tous les hommes qui les ont agressées : ils n'ont pas de travail et elles en ont, ce qui est le renversement complet de toutes les valeurs à leurs yeux, et, de surcroît, elles possèdent le laissez-passer qui leur permet d'entrer dans la base, ce qui est l'objet inassouvi de toutes les convoitises masculines. Oui, cette affaire est emblématique d'un mode de pensée toujours dominant, exacerbé par des conditions économiques où le chômage est devenu insupportable, chauffé à vif par des religieux dogmatiques, et entériné pratiquement sans coup férir par le pouvoir judiciaire et politique en place.

Comment expliquer l'existence de ce système de pensée dont il faut dire qu'il est, à quelques variantes près, universel ? Il est difficile de rendre compte en quelques lignes d'une mise en place éminemment complexe qui s'est faite sur des dizaines de millénaires. Ce qu'il importe de comprendre, ce sont les raisons de la mise en place de la toute première violence à l'égard des femmes dont j'ai fait état ci-dessus. Tout vient de l'obligation pour les êtres humains de notre préhistoire de donner un sens à des observations qu'ils faisaient de données à la fois immuables et incompréhensibles, des « butoirs pour la pensée ». Retenons-en deux, essentiels pour ce propos : les femmes ont le pouvoir exorbitant de faire des filles et des garçons (des corps semblables au leur et des corps différents du leur), alors que les hommes ne font rien de tout cela, non plus que les mâles d'aucune espèce, mais il faut le coït et l'intromission du sperme pour que les femmes enfantent. La réflexion humaine sur ces points et sur d'autres a abouti à une conclusion somme toute rationnelle : ce sont les hommes qui mettent les enfants dans les femmes. Il s'ensuit que, puisque les femmes sont les corps nécessaires pour avoir des enfants, elle ont été dans leur période génésique appropriées par les hommes en tant que destinées à cela. Socialement et idéologiquement, les femmes sont devenues un objet d'échange entre hommes à condition que leur corps et ses possibilités soient appropriés par des hommes particuliers : le géniteur/père en l'occurrence, puis l'époux choisi en fonction des nécessités pratiques de l'alliance. Il s'agit donc du produit en un temps donné, avec des moyens limités d'observation, d'une réflexion considérable sur la production du vivant, réflexion dont les résultats sont à l'origine de tous les systèmes sociaux et de pensée fondés sur l'inégalité. Mais, créés par la réflexion humaine et malgré leur considérable poids d'inertie dans la transmission, ils peuvent changer*. Il faut pour cela comprendre la nature créée par l'esprit de ce modèle de pensée et observer une très grande vigilance sur nos actes et nos paroles. Ainsi on répète à l'envi que c'est un grand progrès dans l'éducation sexuelle des enfants que de leur parler de la « petite graine » que papa dépose dans le ventre de maman, sauf que cette expression entérine la contre-vérité que le père est le seul procréateur. Il est d'ailleurs remarquable de voir à quel point les enfants l'entendent bien directement ainsi. Le 4 juillet 2010 est passée à la télévision, dans le cadre de l'émission *E=M6*, un document intitulé : *Enfants, ados : comment leur parler d'amour et de sexualité*. Un petit garçon interrogé sur la façon de faire des enfants répond qu'il suffit juste de mettre « avec le zizi une graine dans le trou spécial bébé ». J'avoue avoir du mal à m'extasier, comme le fait la chroniqueuse du

* Françoise Héritier, *Masculin/féminin. La pensée de la différence*, Odile Jacob, 1996 ; et *Masculin/féminin 2. Dissoudre la hiérarchie*, Odile Jacob, 2002.

Monde, sur la jolie naïveté de l'expression, car ce qu'il en ressort à mes yeux, c'est que le garçonnet a bien compris le fait qu'il détient le pouvoir procréateur et qu'il est seulement nécessaire de disposer d'un anonyme « trou à bébé », qui n'est pas une femme, pas une mère, pas un individu, pas une égale – juste un trou.

Lorsqu'on parle de la violence sexuelle, il n'est pas rare d'y voir associée l'idée de bestialité. En fait, c'est une erreur considérable. Ce n'est pas parce qu'ils sont proches des animaux que des hommes se rendent coupables de violences sexuelles. Au contraire. C'est la pensée, et seulement la pensée élaborée par nos ancêtres pour donner un sens au réel observé, qui est en cause, lorsqu'on examine de près les conditions de la violence sexuée, qu'elle soit publique ou privée. Car de toutes les espèces animales répertoriées, il nous faut bien convenir que l'homme est la seule espèce où les mâles tuent les femelles.

Massouda
Nadia Kaci
comédienne*

Tous les matins, je me fais insulter par un morveux guère plus âgé que mon fils de dix ans. Il me lance des pierres, me traite de pute ou de sale Oranaise. Aujourd'hui je l'ai enfin attrapé. Et pendant que, folle de rage, je le secouais comme un pommier, je lui ai dit : « Et pourquoi tu me traites de pute ? J'ai couché avec ton père ? Et pourquoi tu me lances des pierres, espèce de petit bâtard, les Oranaises ne sont-elles pas algériennes comme toi ?

— Parce que c'est ma mère qui m'a dit de le faire », a-t-il répondu dans ses larmes.

---

* Auteure de *Laissées pour mortes* (témoignage recueilli par Nadia Kaci), édition Max Milo, 2010.

Sa réponse et ses sanglots d'enfant m'ont ôté toute réaction. Je l'ai lâché et suis montée dans mon bus, silencieuse. Même les femmes s'y mettent, me suis-je dit. Je ne suis pourtant pas allée dans un autre pays pour chercher du travail... Ici, nous ne sommes pas les bienvenues. Il faut supporter le climat, la dureté du travail. Et en plus, il faut supporter la haine ! La haine et la *hogra**!

Aujourd'hui, la peur m'habite.

Pourtant lorsque je suis arrivée en 1999, cette ville écrasée par le soleil, couverte de sable noir, ne m'effrayait pas. Elle était une promesse d'avenir pour moi et mes trois enfants. Je me sentais en sécurité. Peut-être parce que je vivais encore avec mon mari à cette époque. Peut-être aussi parce qu'il n'y avait pas encore toute cette violence.

J'avais trouvé du travail assez facilement. Pour cela, j'ai dû décrocher de mon sein mon fils cadet, alors nourrisson de trois mois, pour le mettre en nourrice. Je faisais

* *Hogra* : oppression.

du ménage à longueur de journée, et même la nuit car j'avais dégoté un autre emploi dans une société nationale de 19 heures à 23 heures.

Je rentrais à minuit. Je préparais le repas des petits et du mari pour le lendemain. Je tombais dans un sommeil comateux jusqu'à 6 heures du matin afin de repartir pour une longue et monotone journée. Le cœur serré, j'embrassais mes enfants encore endormis et sortais sans bruit pour attendre le bus qui m'accompagnait jusqu'à la base où je travaillais. Je tenais bon car je voulais à tout prix construire un toit pour mes trois enfants. J'avais déjà repéré le terrain.

Avant Hassi Messaoud, j'avais un petit lopin de terre. Mais mon mari, volage et joueur, l'a vendu, ainsi que notre maison, notre petite bicoque. Puis il a disparu.

Ne pouvant rester seule à Sidi-Bel-Abbès, j'ai dû retourner chez mes parents à Tiaret. Ils étaient pauvres et déjà vieux. Sur place, impossible de trouver du travail. Nous ne pouvions pas être à leur charge. Nous dormions à droite, à gauche, avec mes filles et mon garçon encore dans mon ventre. J'ai donc décidé de rejoindre ma sœur qui était déjà installée à Hassi. C'est à ce moment-là que mon mari est réapparu. Rempli de la promesse de changer. Je ne le croyais pas vraiment. Mais je ne l'ai pas renvoyé. Il était le père de mes enfants après tout. Et je préférais être une femme mariée, quitte à endurer quelques peines, plutôt que de subir la honte d'être une femme divorcée. Je lui proposai donc de venir avec moi à Hassi.

Le travail dans cette ville brûlante de soleil m'éreintait. Je tombais de fatigue. Mon mari faisait comme s'il ne voyait rien. Je ne comprenais pas cet homme qui se laissait aller de tout son être sur moi.

En 2004, la maladie s'est abattue sur moi. « Je suis malade de fatigue. Malade de prendre tout en charge. Les enfants, le travail, la maison, et même toi », lui ai-je dit un jour du fond de mon lit. « Tu répètes à longueur de journée que tu es l'homme, eh bien soit, commence par trouver du travail et assure l'avenir de tes enfants. »

En guise de réponse, il a claqué la porte. Alors, je me suis vite rétablie pour subvenir aux besoins de mes enfants.

Je ne peux m'empêcher de sourire en me revoyant, petite, courant chez mes voisins pour regarder la télévision. J'aimais les feuilletons égyptiens où les femmes, en fin de journée, joliment maquillées, installées confortablement dans leurs beaux salons fleuris, attendaient le retour de leur mari en se limant les ongles. Je voulais être comme elles, femme au foyer. Désormais, dans mon foyer, moi, Massouda B., je suis la femme et je suis l'homme.

La bonne nouvelle, c'est que j'ai pu enfin mettre de l'argent de côté. Enfin, j'ai pu acheter mon terrain, entamer les constructions, et imaginer un futur décent pour mes enfants ! Chargée de travail et ne pouvant plus m'occuper d'eux, je les avais installés un temps chez mes parents pour les protéger de la misère quotidienne des bidonvilles de Hassi. Mais maintenant, ils ont un toit !

Je ne veux pas qu'ils viennent vivre avec moi. Les filles à Hassi sont des proies faciles. Elles sont exposées à tous les dangers et ne sont à l'abri nulle part.

C'est triste à dire, mais mes enfants me manqueront toute ma vie. Et mes vingt et un jours de congé passés avec eux sur quarante-deux jours de travail ne me rassasient pas d'eux. J'ai réalisé cela depuis que la peur me hante. Depuis cette fameuse nuit où un individu a pointé son couteau sur ma gorge…

La première fois que j'ai été cambriolée, c'était le 1er avril 2010. En rentrant du travail, j'ai trouvé ma porte d'entrée grande ouverte. Cependant elle n'avait pas été forcée. La maison était sens dessus dessous. Fouillée de fond en comble. Pourtant, seul le modem de la télévision avait disparu. Le reste ne les intéressait pas, apparemment. Il faut dire qu'il n'y avait pas grand-chose qui avait de la valeur.

Au commissariat, on m'a expliqué que, comme la porte n'avait pas été forcée, je ne pouvais pas déposer plainte. Ma peur et le désordre de ma maison ne comptaient pas. J'ai commencé à ranger. Mais soudain, prise de panique, je me suis précipitée hors de chez moi, oubliant le bazar de mes meubles et de mes affaires. Cette nuit-là, j'ai dormi chez ma sœur.

Le lendemain, on m'a expliqué qu'ils avaient des passe-partout. Bien souvent nos serrures bas de gamme cédaient. Alors, je ne me suis pas rendue à mon travail. J'ai acheté des verrous de bien meilleure qualité et un gros cadenas que j'ai fait placer. J'étais terrorisée par toutes les horreurs que les gens racontaient autour de moi. Il m'a fallu deux jours pour me décider à retourner vivre chez moi en me persuadant qu'il n'y avait aucun risque pour qu'un autre cambriolage se reproduise.

Pourtant, le soir même, vers minuit, alors que je n'arrivais pas à m'endormir, j'ai entendu du bruit dans la serrure de l'entrée du *haouch**. Puis un coup sec a fait sauter le cadenas. D'un bond, je me suis retrouvée devant la porte. J'ai aperçu par le trou de la serrure deux hommes qui se sont plaqués au mur au moment ou ils m'ont entendue approcher. Les bruits de leurs pas m'indiquèrent qu'ils s'éloignaient.

J'ai appelé ma sœur qui habitait à quelques pas de chez moi.

« Je n'ai pas assez d'unités pour demander de l'aide, m'a-t-elle dit. J'arrive. »

Elle a ouvert sa porte en même temps qu'un voisin qui, alerté par le bruit, voulait voir ce qui se tramait, pendant que mes cambrioleurs détalaient tête découverte. D'autres voisins sont sortis. Je les ai informés de ce qui se passait. Les jambes encore flageolantes, je suis rentrée pour récupérer rapidement quelques affaires et j'ai foncé chez ma sœur pour y passer une nouvelle fois la nuit. Je n'ai pas pu fermer l'œil. Le lendemain je suis retournée sur ma base. Ma lenteur a irrité mon chef, malgré mes explications.

---

* *Haouch* : cour intérieure.

En fin de journée, j'ai fait placer deux autres cadenas sur ma porte, gros comme mon poing déformé par toute une vie de ménages. Mais je ne me décidais pas à rentrer. J'ai donc passé une seconde nuit chez ma sœur, à guetter le moindre bruit. Le lendemain, ma sœur devait rentrer chez nous, retrouver nos vieux parents malades pour son congé. L'idée de me retrouver seule me terrorisait.

Puis il fallait encore retourner au travail et affronter les réflexions des hommes, quand on est dehors. Ils nous parlent comme à des femmes de peu et croient que nous sommes à leur disposition ! Voilà notre lot quotidien. Qui veut venir se défouler sur nous vient. Et lorsqu'ils nous crachent dessus et lorsqu'ils nous insultent, nous devons nous taire pour ne pas récolter des coups.

Au bout de quelques jours, lasse de me faire héberger chez l'une ou l'autre de mes amies, j'ai décidé de rentrer chez moi. Mais ils sont revenus encore. Je les ai entendus qui essayaient de faire céder la porte. Ils étaient au moins six. J'entendais les verrous et les cadenas sauter un à un. Puis ils sont repartis. Terrorisée, j'ai appelé un voisin. Il a rapidement jeté un coup d'œil à l'extérieur.

« Il n'y a rien, m'a-t-il dit. Ils sont repartis. Rentre chez toi et dors. S'il y a quoi que ce soit, rappelle-moi. »

Dix minutes plus tard, la porte du *haouch* a valdingué avec grand fracas. Pétrifiée comme une statue de pierre, je ne cessais de prier : « Je me réfugie en toi mon Dieu, je me réfugie en toi mon Dieu. » La deuxième porte a cédé.

Et je me suis retrouvée plaquée au mur par six ou sept hommes encagoulés et armés. L'un d'eux a pointé son couteau sur ma carotide, puis il a fait sauter le collier en or qui entourait mon cou. Il puait l'alcool. Ils ne prononçaient aucun son, comme s'ils avaient peur qu'on reconnaisse leur voix. Lorsqu'ils ont fini de retourner toute la maison et qu'ils sont sortis, je les ai suivis, tel un automate. Debout sur le pas de la porte arrachée, je les ai regardés s'éloigner sans se presser. Ils tiraient une carriole avec laquelle ils s'étaient aidés pour défoncer la porte. Au-dessus de celle-ci trônait mon poste de télévision et mon deuxième modem. Mes seuls moyens d'évasion... Tous les voisins étaient là. Silencieux. Saadia, ma voisine, a traversé la rue et s'est plantée devant moi.

« Ils t'ont violée ? m'a-t-elle demandé.

— Non, ai-je répondu.

— Tu es sûre ?

— Je te jure que non ! »

Deux autres voisins sont venus vers moi.

« Massouda, ma sœur, on avait peur. Ne nous en veux pas. C'est pas des enfants de chœur, a dit Larbi.

— Dans la bande, on dit qu'il y a un condamné par contumace de l'époque de 2001, a surenchéri El Hadj. Rien ne les effraie, c'est des tueurs. »

Saadia s'est introduite chez moi puis est reparue.

« Quel bazar ! a-t-elle lancé. À minuit, j'ai appelé le commissariat pour leur dire ce qui se passait. Tu sais ce qu'ils m'ont répondu ? C'est pas toi qu'ils attaquent ? Alors de quoi tu te mêles ?

— On ne peut compter que sur Dieu car ici-bas, personne ne nous protégera », a conclu El Hadj.

Le lendemain matin, j'ai appris qu'une autre de mes voisines s'était fait cambrioler par la même bande, qu'elle avait failli se faire violer et que sa mère, qui était intervenue pour la sauver, avait reçu un coup de couteau. Je me suis rendue au commissariat, bien décidée cette fois-ci à me faire entendre. Je n'étais pas la seule, il y avait au moins cinq ou six femmes et un homme. Tous cambriolés de la même façon que moi.

« As-tu été violée ? m'a demandé le policier qui m'a reçue.

— Non, ai-je répondu.

— Estime-toi heureuse, nous en avons reçu des femmes violées, et pas par qu'un seul ! »

Après ces paroles, je n'ai plus fermé l'œil pendant une semaine. Je déambulais d'une maison à l'autre, d'une amie à l'autre. Le moindre bruit me faisait sursauter. J'avais l'impression que mon cœur montait à la gorge et que j'allais rendre l'âme dans l'instant. Je n'arrivais pas à me rendre à mon travail. Je me suis absentée quatre jours qui ont failli me coûter ma place. Dans la rue, j'avais l'impression qu'on me suivait.

Une femme qui a écrit un livre sur le lynchage de 2001 m'a appelée. Elle voulait savoir ce qu'il se passait à Hassi. Elle m'a dit qu'il fallait qu'on parle, que je convainque mes amies si l'on voulait que tout cela cesse. Peut-être a-t-elle raison mais ma peur est trop grande, désormais. Chaque nuit, elle explose dans ma gorge et dans mes entrailles. Elle s'est propagée dans mon corps comme un virus. Je vais mal. Ma sœur me dit que j'ai le teint d'un cadavre déterré et que je devrais aller voir un médecin. Ma mère me dit que c'est le mal des possédés et que je devrais plutôt voir un marabout.

Pourtant, il y a eu l'article de la journaliste qui est venue d'Alger et qui a posé plein de questions aux femmes. Et les choses se sont un peu calmées. Nous avons vu les premiers Toyota de police faire leurs rondes et vérifier les papiers des *hittistes**. Soulagées, les femmes se donnaient des nouvelles par téléphone. Euphoriques, comme si nous avions gagné la guerre d'indépendance. Même la gendarmerie était présente dans la rue. Ça va aller. C'est ce que je me répète à chaque fois. Mais, c'est là, dans mon ventre.

Une amie de Annaba m'a invitée à déjeuner. Je ne comprenais pas pourquoi elle insistait tant. Nous nous sommes retrouvées à plusieurs. J'en connaissais certaines. Ce qui nous unissait visiblement, c'était qu'on avait toutes été agressées. Une policière était présente parmi nous. Elle s'appelait Nadia. La trentaine, bien mise, elle nous a posé beaucoup de questions. Son regard perçant nous traversait les yeux à chaque fois qu'elle

* *Hittistes* : désœuvrés qui « tiennent les murs ».

s'adressait à l'une de nous, comme si elle voulait nous mater. Elle nous a demandé si on avait rencontré la journaliste. Non, avons-nous répondu.

« Méfiez-vous, nous a-t-elle dit. Ces personnes qui viennent de la capitale pour fouiner et rapporter tous ces ragots n'aiment pas notre pays. Elles sont la main de l'étranger qui cherche à déstabiliser notre nation. Elles tentent de porter atteinte à la sûreté de l'État. Il ne faut plus leur parler. Sauf si nous vous le demandons, car d'autres journalistes vont venir. Nous vous dirons quand et ce qu'il faut leur dire.

— Que devons-nous leur dire ? a demandé l'une de nous.

— Il serait bon pour notre nation que vous leur disiez qu'il n'y a jamais eu d'attaques contre les femmes vivant seules à Hassi. Et qu'ici, vous vous sentez en sécurité. Celles qui accepteront n'ont rien à craindre. Nous saurons être reconnaissants, et elles seront particulièrement protégées par la police et la gendarmerie. »

Nous nous regardions furtivement sans oser dire un mot. Le tadjine zitoune aux frites ne passait pas. Pressée de quitter ce traquenard, je n'osais pourtant partir en premier, de peur de susciter la suspicion. Finalement, c'est elle qui s'est levée, après nous avoir donné son numéro de téléphone portable.

« Si qui que ce soit cherchc à vous contacter à ce sujet, appelez-moi. »

Le lendemain, j'ai pris mon bus pour me rendre au travail. Hassan, le chauffeur, était pâle comme un drap blanc.

« Que Dieu nous protège ! » n'arrêtait-il pas de répéter, les mains agrippées à son volant.

Il n'arrêtait pas de gigoter sur son siège et transpirait à grosses gouttes. Ses propos étaient presque incohérents.

« À l'acide, répétait-il. À l'acide ! Ce ne sont pas des fils d'Adam ! »

Puis, mes collègues passagers m'ont expliqué :

« Une femme qui était dans son bus avait la fenêtre ouverte et on lui a balancé de l'acide sur le visage. Il a dû faire un détour par l'hôpital.

— La pauvre créature criait comme une possédée mais je ne comprenais pas, disait Hassan. Ce ne sont pas des fils d'Adam ! »

On m'a aussi parlé d'une femme brûlée vive. On dit qu'elle est entre la vie et la mort – et Dieu seul sait! J'en ai parlé à la femme qui a écrit le livre. Elle m'a demandé de me renseigner sur elle. Qu'elle me pardonne mais j'ai refusé. À poser des questions, on a l'air suspects. Et qu'est-ce que cela changerait?

Depuis des années, nous entendons parler de femmes retrouvées mortes dans le sable ou chez elles. Mais jamais aucun meurtre n'a été élucidé. J'en connais personnellement deux qui ont eu une fin des plus sanglantes. L'une était la toute jeune fille d'une coiffeuse qui n'a jamais pu s'en remettre, l'autre était la vendeuse du pressing, retrouvée vidée de son sang par une cinquantaine de coups de couteau.

Je me sens si fatiguée ! Je n'ai plus la force d'essorer ma serpillière. Le moindre effort me coûte. Que vont devenir mes enfants si j'arrête de travailler ?

La femme qui a écrit le livre m'a demandé si je suis syndiquée. Je ne crois pas qu'il y ait de syndicat ici. Peut-être en Italie... Je ne sais pas.

Le journal dont parlait la policière est sorti. Il s'appelle *Ennahar*. L'une des femmes qui était avec nous a accepté de témoigner. « Nous, les femmes de Hassi Messaoud, vivons dans la sécurité la plus totale qui puisse exister. Personnellement, je peux rentrer chez moi à 3 heures du matin sans avoir peur de quoi que ce soit. Je n'ai jamais été inquiétée. »

Je me demande ce que cette femme a pu obtenir en échange de tels mensonges. Peut-être juste la satisfaction d'avoir été utile à son pays ? Le journal dit aussi qu'il y a eu une manifestation de soutien aux femmes de Hassi Messaoud, victimes de la conspiration étrangère qui cherche à déstabiliser l'État en les utilisant et en faisant croire qu'elle sont en danger.

Je suis finalement allée voir un médecin. Dans la salle d'attente, une femme m'a raconté que sa très jeune voisine venait de se pendre après avoir été violée par une dizaine de bonshommes. Le docteur m'a annoncé que j'avais une hépatite B qui avait certainement été déclenchée par la peur. Mais Dieu seul sait. Tous ces examens sont si chers ! J'ai dû rentrer chez moi à Tiaret pour me soigner et me reposer.

De retour à Hassi, j'ai trouvé un nouveau logement sur le boulevard, que j'ai pu partager avec une autre femme. Au moins, ici, on ne me connaît pas encore. Enfin, c'est ce que je pensais. Cela n'a pas tardé. Des jeunes se sont mis à me suivre ostensiblement. Dès que je quitte mon logement, ils ne me lâchent pas. Si je rentre à l'épicerie, ils m'emboîtent le pas et surveillent mes moindres faits et gestes. J'ai demandé à mon jeune cousin de venir passer quelques jours avec moi. Il ne pourra pas s'éterniser.

Une femme à qui on a arraché ses vêtements s'est retrouvée nue, comme au premier jour de sa naissance, sur la place du marché. J'ai appris aussi qu'une de mes anciennes voisines avait perdu un œil en recevant une pierre lancée par les petits jeunes. Il paraît que ce jour-là, les flics ont ramassé tout le monde. Qu'est-ce que ça change ? Ils finiront bien par les relâcher. Et ils continueront à nous jeter des pierres et à nous insulter.

Je dois reprendre le travail. Au temps de l'occupation, ma mère était femme de ménage. Aux ordres du colon arrogant, elle répondait : « Oui Méssiou » et attendait l'indépendance avec patience. Elle priait Dieu pour que ce jour arrive où tous les enfants d'Algérie, filles et garçons, relèveraient la tête fièrement.

Aujourd'hui, je suis femme de ménage dans une base italienne. Lorsque mon *camp-boss* me donne des ordres, je réponds : « Oui,

Méssiou ». Et lorsque je suis dans une des rues de mon pays, je baisse la tête si on m'insulte et si on me crache à la figure.

La femme qui a écrit le livre continue de m'appeler. Je ne lui réponds plus. Je ne réponds plus à personne car personne ici-bas ne pourra nous venir en aide. Je m'en remets entre les mains de Dieu et continue de vivre aux portes de l'enfer pour subvenir aux besoins de mes enfants.

Table des matières

Achevé d'imprimer en septembre 2010
sur les presses de l'imprimerie Pulsio
pour le compte des éditions de l'Aube
rue Amédée-Giniès F-84240 La Tour d'Aigues

Numéro d'édition : 189
Dépôt légal : septembre 2010
N° d'impression :

Imprimé en Europe